W0017141

Le papa de Galia se déplace en fauteuil roulant

James Edward English

TCU
Press

Fort Worth, Texas

Copyright © 2017 James Edward English

Écrit par James Edward English
Traduit de l'anglais par Marie Schein
Illustration par Teddy Keser Mombrun
Mise en page par Jan Ballard

TCU Press
P.O. Box 298300
Fort Worth, Texas 76109
Etats-Unis: 817.257.7822
www.prs.tcu.edu

Pour acquérir les livres: Etats-Unis: 1.800.826.8911

Je m'appelle Galia,
et voici mon papa,
Ti Gérald.

Mon papa est sûrement
comme le tien . . .

Il aime la plage . . .

Et il passe beaucoup de temps avec moi.

Mais mon papa est peut-être aussi un peu différent de ton papa car il fait tout ça en fauteuil roulant!

Mon papa est atteint de myopathie et ne peut plus marcher depuis tout petit.

Maintenant qu'il est grand, mon papa fait de son mieux pour améliorer la vie des enfants et des adultes handicapés.

Il est Secrétaire d'Etat
à l'Intégration des
Personnes Handicapées.

Mon papa travaille pour améliorer les bâtiments
et les parcs pour en faciliter l'accès aux personnes
handicapées. Cela s'appelle la mise en accessibilité.

NOU RENMEN AYITI

An nou kore kamarad ki andikape yo

Il offre des formations aux enseignants pour que les enfants handicapés puissent aller à l'école . . .

Et d'autres formations pour les adultes handicapés qui veulent travailler . . .

Et des services de réhabilitation pour que les personnes handicapées puissent gagner leur autonomie.

Mon papa veut améliorer les lois en Haïti pour que les personnes handicapées puissent vivre comme tout le monde.

Il dit qu'on peut aider les personnes handicapées à mieux vivre en leur offrant amour et respect.

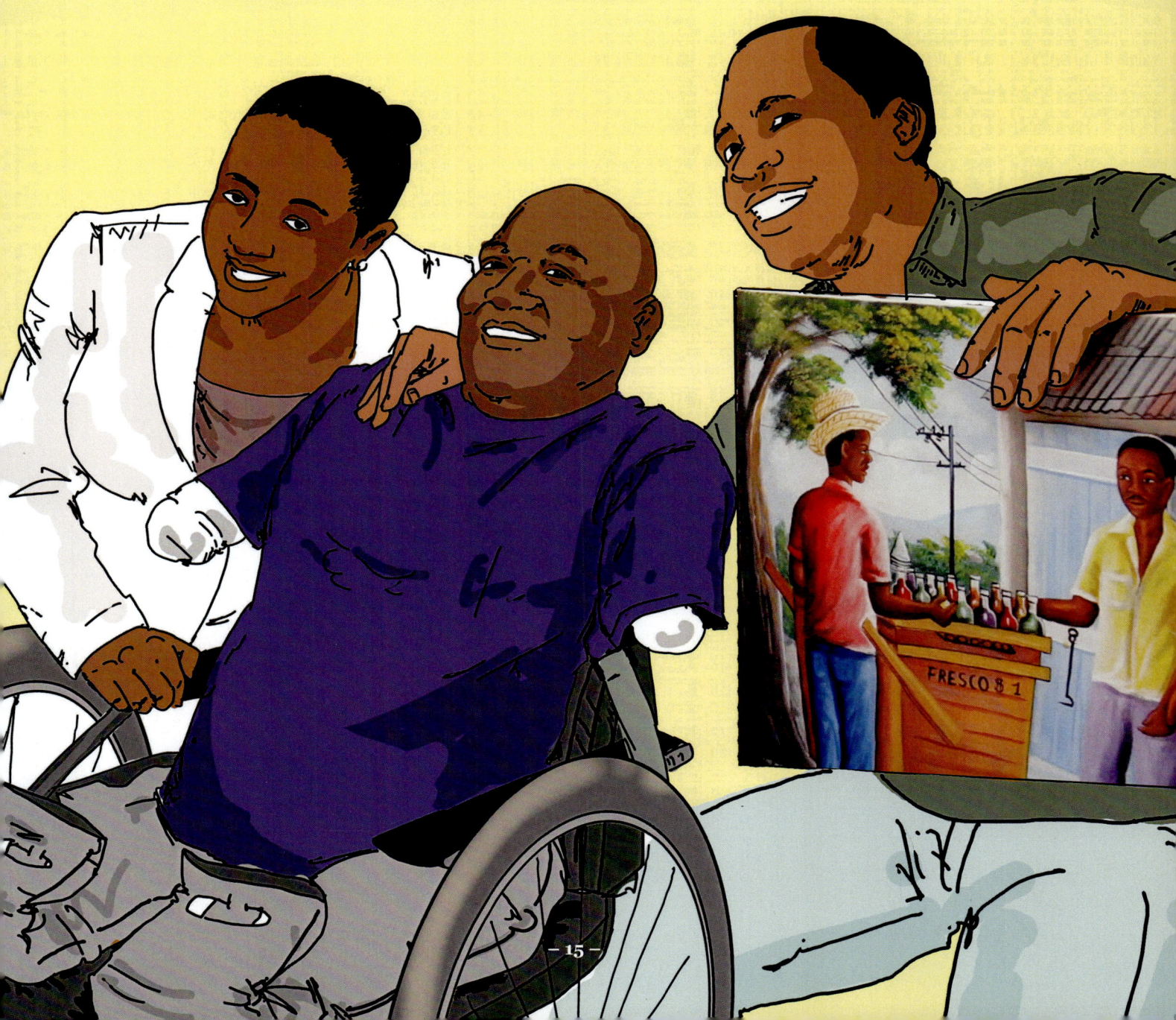

C'est facile pour moi . . .

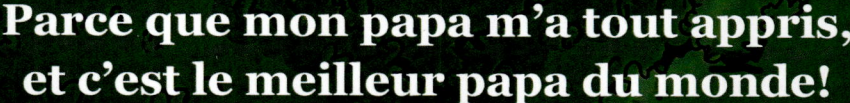

Parce que mon papa m'a tout appris,
et c'est le meilleur papa du monde!

kanaval pou tout moun